Ch.-F. MEÏSS

LA

FORTUNE DE LA FRANCE

EN ALGÉRIE

par l'organisation d'une administration agricole
et de pénitenciers créant des

PROPRIÉTÉS NATIONALES

Prix : 50 centimes.

Franco par la poste en retour de l'envoi de 60 centimes.

QUATRIÈME ÉDITION

BORDEAUX

Vᵉ CADORET, IMPRIMEUR-ÉDITEUR,

12 — Rue du Temple — 12.

1879

Ch.-F. MEÏSS

LA

FORTUNE DE LA FRANCE
EN ALGÉRIE

par l'organisation d'une administration agricole
et de pénitenciers créant des

PROPRIÉTÉS NATIONALES

Prix : 50 centimes.

Franco *par la poste en retour de l'envoi de* **60** *centimes.*

BORDEAUX

Vᵉ CADORET, IMPRIMEUR-ÉDITEUR,

12 — Rue du Temple — 12.

1879

J'ai l'honneur de vous adresser, sous forme de pétition, un Mémoire traitant de la colonisation de l'Algérie par l'organisation d'une administration agricole, la création de propriétés nationales et de pénitenciers agricoles.

J'appelle votre attention, Messieurs, sur ces réformes sociales, d'une haute importance et d'un grand intérêt pour la société et pour l'État.

J'ose espérer qu'après l'examen des réformes que je propose, vous vous prononcerez en faveur d'un système agricole, que je crois bienfaisant et moralisateur.

Je vous présente, Messieurs, mes sincères salutations.

Ch.-F. MEÏSS,

Propriétaire au Bouscat, canton de Bordeaux.

Mai 1879.

MONSIEUR LE MINISTRE,

J'ai l'honneur de vous adresser un Mémoire traitant de la colonisation de l'Algérie par l'organisation d'une administration agricole, la création de propriétés nationales et de pénitenciers agricoles.

J'appelle votre attention, Monsieur le Ministre, sur ces réformes sociales, que je crois un bienfait pour la société et une grande source de revenus pour l'État.

J'ai eu l'honneur de remettre ce Mémoire (sous forme de pétition) à l'examen de la Chambre des Députés.

Avec l'espoir que mon projet sera accueilli et mis à exécution, je vous prie de croire, Monsieur le Ministre, à mon profond dévouement à la grande cause de l'agriculture, et je vous présente mes sincères salutations.

CH.-F. MEÏSS,
Propriétaire au Bouscat, canton de Bordeaux.

Octobre 1879.

LA
FORTUNE DE LA FRANCE

EN ALGÉRIE

par l'organisation d'une administration agricole

et de pénitenciers créant des

PROPRIÉTÉS NATIONALES

Une chose qui doit frapper l'esprit de tout homme observateur et intelligent est la grande misère dans laquelle se trouvent beaucoup d'individus entassés dans les principales villes de France.

Cette grande misère provient de l'agglomération des masses dans les grands centres, au détriment de la population des campagnes. L'industrie, le commerce, le luxe et les plaisirs qu'offrent les grandes villes ont, depuis 50 ans environ, attiré vers elles un grand nombre de bras qui ont été ravis à l'agriculture.

Les chemins de fer ont facilité les voyages, les trains de plaisir ont permis aux paysans d'aller se rendre compte de ce qu'il y avait d'attrayant dans les villes. Beaucoup ont trouvé le village trop triste et le travail trop dur, et ils ont préféré à la liberté que donnent les pénibles travaux agricoles, l'esclavage de la domesticité dans les grandes villes.

Si les nombreux domestiques témoignent de la fortune du riche qui les nourrit, ils n'en sont pas moins des forces ravies à la production utile à tous.

S'il y a dans les villes l'attrait du luxe et des plaisirs que donne un travail rémunérateur lorsqu'on est occupé, il y a aussi toutes les ressources de l'assistance publique qui s'emploient pour venir en aide aux nécessiteux sans travail.

Au village, il n'y a pas l'hôpital et le bureau de charité. Il faut travailler durement et vivre de privations afin d'économiser pour les mauvais jours.

Le paysan pauvre doit être laborieux et économe, car il est livré à ses propres ressources lorsqu'il lui arrive malheur. Il n'est pas comme l'habitant des grandes villes gâté par l'assistance publique, *cette faiseuse de fainéants et d'imprévoyants.*

Lorsque celui qui a quitté le village pour aller s'établir à la grande ville écrit au pays, il cherche à faire venir auprès de lui les amis et les parents auxquels il s'intéresse ; il leur parle des bonnes places bien salariées, des bonnes journées que gagnent les ouvriers et les manœuvres, et surtout des avantages qu'il y a au cas de chômage ou de maladie.

Si vous êtes malades vous avez de bons hôpitaux, si vous êtes sans travail vous avez le bureau de bienfaisance ; mais cela est le pire, tandis que le mieux doit surtout vous attirer.

Et voilà les campagnards qui désertent les champs en masse, et qui viennent dans les grandes villes augmenter le nombre des consommateurs, tout en diminuant celui des producteurs.

Il y a beaucoup d'espérances déçues, beaucoup de revers et par dessus tout de bien grandes misères ; mais lorsque le campagnard a plongé dans le gouffre des grandes villes, il ne veut plus revenir au travail agricole. C'est ainsi que l'assistance publique voit augmenter ses besoins pendant que la terre voit diminuer ses produits.

Si l'Etat, les départements, les villes et l'assistance publique le voulaient, on ne verrait plus dans quelques années les grandes misères qui fourmillent dans les grande villes. Il suffirait à l'Etat de donner l'initiative de l'assistance par le travail, alors les départements et les villes suivraient l'exemple.

L'assistance publique ne doit pas encourager la paresse. Il y a des secours immédiats à accorder aux malades et aux infirmes, il faut aussi en accorder à domicile à d'honnêtes familles de travailleurs tombés dans l'indigence; mais il y a beaucoup d'individus valides auxquels il faut donner du travail.

Mais, me dira-t-on, il n'est pas facile de donner du travail à tous ceux qui en manquent, parce que l'Etat, les départements et les villes n'ont pas toujours des travaux.

A cela je réponds : que le travail ne manque jamais, mais que ce sont les travailleurs qui font défaut, car il y a une quantité de terres improductives parce qu'elles ne sont pas cultivées.

_____

J'aime la liberté pour tous, donc je ne veux pas obliger un homme à aller travailler la terre s'il peut gagner honorablement sa vie dans les grandes villes, mais j'ai le devoir de refuser des secours à tout homme valide qui refusera d'accepter du travail dans l'agriculture.

Une des grandes fautes de notre société est de ne pas avoir organisé l'assistance publique par le travail agricole, et de n'avoir pas su anéantir le paupérisme en faisant des cultivateurs de tous les malheureux.

Il y a en France beaucoup de terres où il serait facile de créer les premiers refuges agricoles départementaux.

Chaque département pourrait avoir des propriétés agricoles, sur lesquelles il emploierait les individus valides qui demanderaient des secours par le travail.

Au lieu de donner de misérables bons de pain ou de l'argent, le bureau de bienfaisance donnerait aux hommes valides des bons pour être employés au refuge agricole départemental.

Ce refuge serait une vaste propriété cultivée par les indigents, qui recevraient la nourriture, le logement et une petite solde.

L'Etat possède en Algérie des millions

d'hectares de terre qui ne demandent que des bras pour être cultivés.

Que le gouvernement s'occupe de créer des propriétés nationales, sur lesquelles il lui sera facile de faire travailler tous les indigents valides et les enfants trouvés.

Nos possessions en Algérie ont une surface de 55,000,000 d'hectares, il y a au minimum 25,000,000 d'hectares propres à la culture.

La population n'est composée que de 2,800,000 habitants dont 2,400,000 indigènes et 400,000 Européens; il y a tout au plus une population civile de 200,000 Français.

La ville de Paris compte presque autant d'habitants qu'il y en a de répandus sur une surface de 55,000,000 d'hectares. L'éloquence de ces chiffres se passe de commentaires.

Pourquoi n'aide-t-on pas les indigents à se faire une position dans l'agriculture en Algérie ? Pourquoi les indigents ne font-il pas de leur côté tous leurs efforts pour améliorer leur position en allant coloniser l'Algérie ?

Parce qu'ils n'ont pas des moyens de transport, des logements et des outils.

Il faut donc que l'Etat, les départements, les villes et les particuliers organisent une vaste assistance publique de transport, de logement et d'outillage agricole en Algérie.

Les ministres de la guerre et de l'agriculture peuvent, d'un commun accord, poser la pierre fondamentale de la fortune de la France en Algérie, en demandant aux pouvoirs publics des fonds pour le matériel et l'outillage nécessaires à la création des propriétés nationales.

Puis il faudra créer une administration agricole, afin d'avoir des directeurs, des employés et des conducteurs de travaux sur les propriétés de l'Etat.

La France donnera l'exemple du soldat laboureur : en mettant une partie de son armée au service des travaux de création des propriétés nationales. Il lui est facile d'avoir en Algérie une armée de 150,000 hommes ; on pourrait employer continuellement 50,000 hommes aux travaux agricoles.

Chaque régiment fournirait ses hommes de corvée, de façon qu'un 1/3 de l'effectif fût toujours occupé et relevé à tour de rôle. Nos braves soldats ne se plaindraient pas de ces corvées utiles à la nation, pour lesquelles ils recevraient une solde particulière de 30 centimes par jour.

L'Etat qui nourrit les soldats aurait des ouvriers qui ne lui coûteraient qu'un salaire de 30 centimes par jour, et un costume de travail par homme occupé. La solde de 50,000 hommes pour 250 journées de travail dans l'année agricole reviendrait à 3,750,000 fr. Ajoutons 250,000 fr. pour les costumes de travail et 1,000,000 pour frais divers, nous arriverons à une dépense de 4,000,000 de francs par an. Avec cette dépense l'Etat ferait de grands travaux, créerait des propriétés nationales, et les revenus de ses propriétés seraient avant longtemps tellement supérieurs à ses dépenses, qu'au bout de quelques années de travail et d'exploitation de nos terres en Algérie, la France se ferait des revenus de plusieurs millions par le produit de ses propriétés.

Il faudra planter sur nos terres nationales : la vigne, l'olivier, les arbres fruitiers et forestiers sans, cependant négliger la culture des céréales et des légumes, et la production des fourrages.

Après avoir mis ses terres en exploitation,

l'Etat pourra les vendre beaucoup plus facilement qu'elle ne trouve preneur en les donnant.
A défaut d'acquéreurs, on les louerait, ou on
les ferait exploiter par l'administration agricole, qui aurait mission de créer des refuges
pour les indigents, et des pénitenciers agricoles pour les condamnés civils, qui, au lieu de
subir leur peine en prison ou dans les maisons
centrales, seraient employés aux travaux
publics.

En travaillant à l'extinction du paupérisme,
l'Etat travaillera à coloniser une de ses plus
belles possessions ; l'Algérie se peuplera de
Français dont l'influence deviendra supé-
rieure à celle des indigènes, qui seront obligés
de se fondre dans la population européenne,
ou bien de gagner le désert.

L'Algérie se couvrira de vignobles qui
remplaceront avantageusement les vignobles
ravagés par le phylloxera ; avec la vigne, on
verra croître et multiplier les oliviers qui
donneront une huile excellente, les orangers
un fruit délicieux, et les eucalyptus un bois
dur très-avantageux pour la construction.

L'Algérie doit devenir un vaste jardin de la

2

France, une sorte d'Eden où les pauvres de la métropole iront goûter des délices inconnues dans les mansardes et dans les logements noirs et étroits des grandes villes. L'ouvrier laborieux et intelligent, qui aime tant la campagne, pourra facilement devenir propriétaire en Algérie, et là il trouvera le grand air, le bon soleil et les richesses de la terre.

N'allez pas vous effrayer des stupides racontars, qui vous montrent l'Algérie comme un pays malsain, aride et trop chaud. Le pays est sain, l'air y est pur, les terres y sont excellentes, la chaleur n'est forte qu'en été; depuis le 15 juin jusqu'au 30 août, il fait de fortes chaleurs dont la moyenne est de 35°. Nous avons eu souvent plus que cela dans tout le midi de la France. Mais si l'Algérie a le désagrément de donner trois mois de fortes chaleurs, elle ne connaît pas les rigueurs de l'hiver, ce qui est, je crois, une large compensation.

Il y avait autrefois au sud d'Alger un vaste marais pestilentiel qui a été le tombeau d'un grand nombre des premiers colons, c'est ce qui a fait crier sur l'insalubrité de l'Algérie. Mais ce marais a été desséché et assaini, et il est devenu la fertile plaine de la Mitidja, un des plus riches pays du monde. Allez au marché de Bouffarick, et vous verrez ce que le pays offre de richesses.

Le littoral de l'Algérie est un paradis, la plaine est un riche pays propre à l'agriculture et les plateaux offrent des richesses qui ne sont pas encore toutes connues.

L'Algérie vaut mieux, ou au moins autant, que notre belle Provence, la température est à peu près la même., Ne laissons donc pas plus longtemps inhabités des pays où nous pouvons trouver un grand bien-être pour des millions de citoyens et de grandes ressources pour la nation.

Nos vastes possessions d'Algérie réclament des habitants agricoles qui ne s'empressent pas d'aller en Afrique, parce qu'ils ont à y créer la propriété sur la concession de terrain que l'État peut leur faire.

Le gouvernement français, qui vient de remplacer le gouvernement militaire de l'Algérie par un gouvernement civil, a le devoir d'aider à la colonisation algérienne en faisant des travaux d'utilité publique, tels que routes, canaux et chemins de fer.

L'Etat a créé des routes, et il a contribué pour une large part à la création des lignes de chemins de fer. Mais il ne lui suffit pas d'encourager tout ce qui peut contribuer à améliorer la situation de l'Algérie, il faut que l'Etat prenne l'initiative comme le plus important des propriétaires, de rendre le sol fertile et de faire produire la propriété.

Au lieu de tenir en cellule ou en réclusion des forces utiles à la société par les services qu'elles peuvent rendre à l'agriculture, il est urgent de les placer dans des pénitenciers agricoles en Algérie.

Les pénitenciers agricoles auront pour premier but de supprimer les maisons centrales et de moraliser les détenus en les dirigeant vers les travaux de la terre ; où ils pourront se créer des situations, tout en contribuant à créer des propriétés nationales.

En second lieu, les pénitenciers agricoles augmenteront les forces de l'agriculture et diminueront d'autant la concurrence de l'industrie.

Les détenus ne resteraient en prison qu'en

attendant leur condamnation; tout condamné à la peine d'une année de travaux publics serait expédié au pénitencier agricole.

Le système de détention dans les prisons et dans les maisons centrales est défectueux en ce qu'il est nuisible aux intérêts de l'État et aux intérêts des condamnés.

Retenir les condamnés en cellules ou dans les maisons centrales oblige à les occuper à des travaux nuisibles à l'industrie et sans intérêt pour l'État. Les travaux faits dans les prisons et dans les maisons centrales sont généralement mal faits; par des hommes étrangers au travail auquel on les emploie en qualité d'apprentis en attendant qu'ils deviennent ouvriers; les condamnés ne commencent à savoir travailler que lorsque leur peine est expirée et qu'ils quittent les maisons centrales.

Les industriels qui ont l'entreprise des travaux dans les prisons n'obtiennent des détenus incapables et sans goût que des produits défectueux, qu'ils jettent sur le marché de l'industrie en les livrant à vil prix.

Le travail des détenus ne procure pas à l'État des ressources suffisantes pour subvenir aux besoins des prisonniers, et voilà des individus qui travaillent au détriment des industriels patentés et pères de familles, sans que leur concurrence soit profitable à l'Etat.

Il est donc urgent, au point de vue de l'intérêt social, et par humanité pour les condamnés, de renoncer au régime cellulaire et aux maisons centrales. Il faut que les condamnés gagnent de quoi suffire à leurs besoins, sans être un concurrence nuisible, et en devenant une ressource utile à la société et à l'État.

Puisque l'industrie regorge de sujets, et que l'agriculture manque de bras, il faut que l'État s'occupe d'une manière sérieuse de l'organisation de pénitenciers agricoles, où les condamnés pourraient subir leur peine en produisant pour les besoins de leur alimentation, en diminuant les charges de l'État, en augmentant la plus-value des propriétés, et en se réhabilitant par les services qu'ils rendraient à la société.

Les condamnés détenus dans les maisons centrales s'inoculent leurs vices avec leurs idées, ils se fortifient dans le crime, et

l'exemple démontre que le plus grand nombre des prisonniers libérés récidivent et retour-
nent à la maison centrale en attendant le
bagne ou l'échafaud.

En remplaçant la prison et la réclusion par
les travaux publics, le gouvernement aurait à
faire remanier la loi, de façon à faire élever
la durée de la peine. Pour les délits passibles
d'une peine de six mois de prison, la peine
serait élevée à un an de travaux publics; un
an de prison, à deux ans de travaux, et ainsi
de suite.

Il ne faudrait garder en prison que les condamnés pour délits insignifiants et faire en
sorte d'envoyer aux travaux publics le plus
grand nombre des délinquants.

Pour ce qui est des condamnés politiques,
ils auraient à subir leur peine dans une prison
particulière, où il n'y aurait que des détenus
politiques, et qui ne pourraient être astreints
à aucun travail. Malheureusement, pour les
gouvernements, on a jeté confusément et pêle-
mêle dans les maisons centrales les condamnés politiques et les voleurs, *ce qui est une
infamie !*

Si la durée de la peine était augmentée, le régime des pénitenciers agricoles serait plus humain, et beaucoup plus profitable aux condamnés et à l'État; car dans les pénitenciers agricoles, le détenu jouirait d'une existence au grand air, d'une nourriture saine et substantielle et d'une solde en rapport avec les services rendus.

Tout en vivant d'une vie de rudes labeurs, les détenus seraient plus heureux, physiquement et moralement, car ils seraient récompensés suivant les bons points qu'ils obtiendraient par leur bonne conduite et leurs travaux.

Aux pénitenciers agricoles, on pratiquerait: l'agriculture, la culture maraîchère, l'arboriculture et la viticulture. Il serait fait des cours théoriques et pratiques, qui permettraient aux détenus de devenir habiles pour les principaux travaux de la terre et les mettraient à même de s'employer facilement et avantageusement à l'expiration de leur peine.

Les pénitenciers deviendraient des écoles d'agriculture pratique et formeraient des pépinières d'agriculteurs

Les propriétés nationales de détention ne

coûteraient que l'avance des frais d'installa-
tion et de mise en exploitation.

Je dis l'avance par l'État des premiers frais
d'établissement, car l'État créerait des propriétés qu'il vendrait facilement aux colons
heureux d'acheter une propriété en plein rapport.

Le système de construction serait organisé
de façon à créer un village entouré d'une
grande propriété susceptible d'être morcelée
en 10, 20, 30 ou un grand nombre de lots.

Les constructions seraient faites simple-
ment d'une manière commode et utile aux
logements des administrateurs, des employés,
des gardiens et des troupes de service.

Mais ces constructions seraient indépen-
dantes et divisibles de manière à servir à
l'habitation des colons, lorsque la colonie
mise en rapport par l'État serait vendue par
lui.

L'État créerait des pénitenciers qui ne seraient que d'immenses propriétés nationales,
sur lesquelles un certain nombre de condamnés des deux sexes vivraient pendant 5
ou 10 ans, en plantant et en cultivant de manière à créer des vignobles, des prairies, des

jardins et des vergers, le tout divisible en un certain nombre de lots formant autant de propriétés que l'État vendrait à son profit.

Les condamnés formeraient des groupes de 200 à 500 individus, et chaque groupe concourrait à la création d'une grande propriété nationale.

Chaque pénitencier serait administré par un directeur, un sous-directeur, et autant d'employés qu'en nécessiterait le service d'organisation et d'exploitation de l'établissement.

Une garnison suivant le nombre des condamnés serait préposée à la garde des détenus ; la cavalerie serait choisie de préférence, afin de faire profiter la propriété nationale du fumier des écuries.

Les troupes de service pourraient concourir, par périodes et par corvées, aux travaux agricoles de l'établissement.

L'Etat ferait l'avance des logements, du matériel et du bétail, ainsi que des semences et des subsistances indispensables pendant les premières années.

Mais les détenus produiraient des récoltes de céréales, de légumes, de fourrages, qui seraient employées aux besoins de leur alimentation, ainsi qu'à ceux des employés et des soldats préposés à l'administration ou à la garde du pénitencier.

La colonie devrait produire pour la nourriture des hommes et du bétail, l'État viendrait en aide en cas de disette, et pendant l'organisation et la création de la propriété, mais il serait bénéficiaire de tout l'excédant des récoltes. Ce qui ne serait pas consommé par la colonie serait versé aux magasins de l'État ou vendu à son profit.

Il résulterait de ce système : que l'État verrait dégrever le budget du ministère de l'intérieur des dépenses en moins occasionnées par le service des prisons et des maisons centrales. Et, tout en voyant diminuer ses dépenses, l'État verrait augmenter la plus-value des terres de ses possessions en Algérie.

Les directeurs, les sous-directeurs et les employés devraient avoir des connaissances, même des capacités agricoles et administratives, de façon à faire faire des plantations utiles à l'embellissement et au revenu de la propriété, et aussi pour pouvoir faire des cours théoriques et pratiques d'agriculture, de viticulture et d'arboriculture, afin que les

condamnés apprennent à devenir capables
dans l'intéret de la colonie et dans leur intérêt
personnel.

On se préoccupera des moyens de retenir les
condamnés à l'établissement agricole, d'y
maintenir le bon ordre et la discipline afin
d'empêcher les évasions.

Pour atteindre ce résultat, il faudra régir
le pénitencier par un Code spécial aux
détenus.

Les condamnés seront astreints à un travail de dix heures par jour ; ils recevront en
deux repas une nourriture saine et substantielle, composée en grande partie des légumes
frais ou secs récoltés par eux sur la propriété.

Pour les dix heures de travail ordinaire, ils
recevront en plus de la nourriture une solde
de vingt centimes, dont la moitié sera versée
à leur masse et l'autre moitié pourra être
employée par les détenus pour se procurer
des douceurs, suivant les règlements de l'établissement.

Le travail extraordinaire sera celui auquel
il faudra que la colonie se livre, suivant les
saisons et l'état des récoltes, ce qui pourra

obliger à une prolongation de la journée de travail ; en ce cas les détenus recevront une solde supplémentaire de cinq centimes par heure de prolongation.

Les détenus qui se rendront coupables d'infraction aux règlements seront condamnés suivant le cas : à une peine variant de une à quatre heures de travail supplémentaire, sans solde pour ces heures.

En cas de refus absolu de travail ou de conduite indisciplinée, les détenus seront mis au cachot et au pain sec ; et lorsque le nombre de leurs punitions atteindra le quart de la peine qu'ils auront à subir, ils seront traduits devant le Conseil disciplinaire du pénitencier agricole, qui après jugement les condamnera aux travaux forcés dans une colonie lointaine avec augmentation de la durée de leur peine.

Si la loi aura à se montrer terrible envers les condamnés indisciplinés, elle aura à se montrer paternelle envers ceux qui se rendront méritants par leur conduite et leurs travaux.

Lorsqu'un condamné capable et docile pourra être employé comme moniteur conducteur de travaux, il touchera une solde de

40 centimes par jour, et 60 centimes lorsqu'il sera moniteur de première classe.

Les heures de travail extraordinaire supplémentaire seront payées 10 centimes aux moniteurs de la deuxième classe, et 20 centimes à ceux de la première.

Suivant les bonnes notes acquises par les détenus, ils verront diminuer la durée de leur peine par la voie de remises annuelles (grâces partielles) obtenues d'après les rapports de l'administration.

De cette façon, les condamnés à 10 années de travaux publics pourraient liquider leur peine en 4 ou 5 ans, en donnant l'exemple d'une bonne conduite et en rendant des services intelligents.

A l'expiration de leur peine, les détenus pourront être employés dans l'administration agricole comme conducteurs de travaux. Après plusieurs années de service comme employés de l'Etat, les libérés pourront devenir fermiers sur les propriétés nationales.

Les pénitenciers agricoles remplaceront donc avantageusement les maisons de réclusion.

Aux pénitenciers, les condamnés vivront

d'une vie de rudes labeurs au grand air, en apprenant à devenir d'habiles ouvriers agricoles ; ils produiront de quoi subvenir à leurs besoins et ils ne seront plus une charge pour l'État ; loin d'être une charge, ils deviendront une source de revenus par l'excédant de leurs produits, et la plus-value qu'ils donneront aux propriétés nationales.

Ce système aura donc un but humanitaire, un but d'économie politique et un but d'épuration sociale.

Car les condamnés qui vont en réclusion y sont soumis à un travail pour lequel il y a déjà trop de bras. La crise commerciale que nous traversons provient de la trop grande production de l'industrie, qui ne peut pas écouler ses produits, et de la trop faible production de l'agriculture, qui ne produit pas assez, parce que les intempéries et les maladies qui s'attachent aux vignobles, aux pommes de terre et à beaucoup de récoltes font diminuer le rendement de la terre. Avec les divers fléaux qui font des ravages dans l'agriculture, il y a la disette de bras.

Il faut donc supprimer de l'industrie tous les bras parasites et les déverser dans l'agriculture.

Lorsque je parle des bras parasites de l'industrie, je veux dire de ceux des condamnés qui peuvent être employés plus facilement et plus avantageusement qu'à faire de mauvais chaussons de lisières, travail qui ne leur donne pas leur nourriture ; il faut au moins que l'individu qui travaille produise de quoi se suffire, et je ne comprends pas que l'État ne se soit pas arrangé de façon à utiliser ses condamnés pour qu'ils ne soient plus une charge.

Je commence par proposer la création de pénitenciers agricoles en Algérie, mais lorsque l'État aura des preuves de ce que l'on peut obtenir avec les bras des condamnés il pourra faire une grande œuvre humanitaire en déversant dans l'agriculture en Algérie tous les enfants trouvés et les personnes valides qui croupissent dans les maisons de secours.

L'État pourra coloniser l'Algérie et améliorer le sort des condamnés en faisant des pénitenciers agricoles. Mais il pourra aussi créer la colonie agricole des enfants trouvés et celle des indigents valides qui demanderont à y être employés.

L'Algérie deviendra le grenier d'abondance de la France, si nous savons y faire des travaux agricoles, en créant des propriétés nationales.

Nous épurerons la société, nous augmenterons le nombre des productions utiles, tout en diminuant les charges de l'État, et en lui créant d'immenses ressources pour l'avenir.

Une des questions principales qui se dressent contre mon système paraît être : *le moyen de garder en plein champ les malfaiteurs condamnés aux travaux publics.*

Aussi habiles que soient les condamnés, il leur serait tout aussi difficile (peut-être plus) de s'évader des pénitenciers agricoles que des maisons centrales.

J'ai déjà dit : que si l'autorité aurait à se montrer paternelle envers les détenus respectueux des règlements et méritants par leur conduite et les services qu'ils rendraient à la colonie elle aurait à se montrer sévère envers les insoumis.

Un code spécial déciderait des infractions commises aux règlements des pénitenciers agricoles. Puisque les militaires sont tenus par une discipline sévère, je ne vois pas pourquoi les condamnés ne seraient pas tenus par un code spécial, plus sévère que le code militaire.

Les infractions aux règlements entraîneraient une peine corporelle de une à quatre heures de travail supplémentaire (sans solde). Mais le vol serait puni de un an à cinq ans de travaux publics ; tout détenu qui aurait encouru une condamnation de un an à cinq ans de travaux, prononcée par le conseil disciplinaire du pénitencier, serait tenu de fournir 14 heures de travail par jour, et ne toucherait pour les 14 heures de travail que la 1/2 solde ordinaire des condamnés, soit 10 centimes par jour, c'est-à-dire la part qui revient à sa masse ; et il ne recevrait rien pour jouir de douceurs résultant de la somme que les condamnés pourraient recevoir pour en user suivant les règlements.

L'insulte ou le refus d'obéissance à un préposé à la garde ou chargé de la conduite du travail des condamnés, c'est-à-dire à un employé de l'État dans les pénitenciers agricoles, seraient punis de un an à cinq ans de travaux publics.

La rébellion et voies de fait envers les employés seraient punies de la peine de mort.

J'indique rapidement les principales lois à introduire dans notre système de pénitenciers agricoles, mais les règlements et le code spécial seraient élaborés et décidés par ces commissions spéciales d'abord et par les Chambres ensuite.

Les condamnés seraient classés par zones suivant leur condamnation.

1re *Zone* : Tous ceux qui auraient à subir une peine de cinq ans à dix ans et plus par aggravation de leur peine pendant leur séjour au pénitencier.

2e *Zone* : Tous ceux qui auraient à subir une peine de deux ans à cinq ans.

3e *Zone* : Tous les condamnés de un an à deux ans.

Les condamnés de la 3e zone par aggravation de leur peine pendant leur séjour au pénitencier passeront dans la 2e ou dans la 1re, suivant la peine qu'ils auront à subir ; ceux de la 2e passerout dans la 1re, et ceux de la 1re zone qui auront aggravé leur peine seront soumis à une plus grande surveillance et aux corvées les plus pénibles.

La colonie agricole sera donc limitée en trois zones. La 1re sera la partie centrale, la 2e viendra ensuite et la 3° sera limitrophe.

Les troupes préposées au service du pénitencier fourniront un cordon de sentinelles autour de l'établissement agricole.

Les logements des condamnés seront établis au centre de la 1re zone ; les conducteurs de travaux prendront chaque matin à l'heure réglementaire le nombre des condamnés qu'ils auront à employer ; les condamnés iront au travail, par escouades, conduits par les conducteurs de travaux, assistés d'une garde de service.

Les condamnés sortiront des corps de logis pour aller au travail sur les terres de la zone à laquelle ils appartiendront.

La couleur du costume différera suivant la zone.

Tout condamné trouvé en dehors des limites de la zone à laquelle il appartiendra sera considéré comme en état d'évasion, et il sera puni par les règlements. Les condamnés seront tenus de se surveiller entr'eux ; lorsqu'un détenu d'une zone se sera évadé, tous les détenus de la zone seront frappés d'une peine pour défaut de surveillance mutuelle, et les condamnés qui seront convaincus d'avoir favorisé une évasion seront punis comme les évadés.

Si un condamné détenu dans la première zone traverse la deuxième zone sans que les détenus de celle-ci l'aient signalé ou fait arrêter, ils seront punis suivant le règlement. Il en sera de même pour ceux de la troisième zone, si un condamné de la première ou de la deuxième zone a pu traverser la troisième sans être signalé ou arrêté par les détenus de la zone.

Tout condamné, trouvé en dehors des limites du pénitencier, sera considéré comme une bête fauve ; il lui sera donné la chasse, et s'il ne s'arrête pas aux injonctions qu'il recevra, on fera feu sur lui.

Les colons étrangers à l'établissement, c'est-à-dire les habitants de l'Algérie, civils ou militaires, qui ramèneront un évadé à l'établissement, recevront une prime de 50 fr. et un certificat de félicitations.

La prime sera donnée, même si on ne rapporte que le cadavre du condamné évadé, si par cas de force majeure on l'a tué en voulant l'arrêter.

Par les règlements, la surveillance mutuelle des détenus et la grande surveillance générale de l'administration, il sera possible d'empêcher les évasions. Mais si, par hasard, quelques détenus audacieux et résolus se faufilaient à travers les trois zones et le cordon de garde, ils tomberaient immanquablement entre les mains des habitants de la contrée où sera établi le pénitencier.

Chaque pénitencier agricole aura des condamnés des deux sexes, parce que le travail de la terre nécessite des bras en quantité et que les femmes pourront y être avantageusement employées.

Les règlements régiront les rapports entre les condamnés des deux sexes, qui ne se verront qu'aux champs, en plein travail et sous la surveillance de l'administration ; après le travail, chaque sexe de condamnés rentrera dans ses logements distincts.

La colonie devant se suffire, il sera indispensable de faire de la meunerie et de la boulangerie ; les condamnés qui seront aptes à ces emplois y seront attachés.

Les femmes feront, en outre du travail agricole, la cuisine et le blanchissage pour les condamnés des deux sexes. Elles seront employées aux travaux d'aiguille pour tout ce qui sera nécessaire à la colonie. Toutefois, elles ne seront tenues qu'à dix heures de travail, sauf les punitions et les cas de force majeure.

Dès le début de la création d'un pénitencier agricole, la colonie s'empressera de faire les cultures les plus indispensables à son alimentation ; mais aussitôt que les terres seront préparées, cultivées et ensemencées pour les légumes, les céréales et les fourrages, elle s'occupera de la plantation des vignobles, des arbres fruitiers, des arbres forestiers et de toutes les plantations utiles à l'embellissement et à la plus-value de la propriété.

La première année ne donnera pas des revenus suffisants pour subvenir aux besoins de la colonie ; donc, l'État aura à fournir avec les premiers frais d'établissement l'appoint du nécessaire pour l'existence des détenus et la mise en œuvre de la propriété.

J'ose espérer que dès la deuxième année, sauf le cas de manque de récoltes, la colonie pourrait subvenir à ses besoins ; et voilà déjà que les condamnés ne seraient plus une charge pour l'État, ou tout au moins une charge bien diminuée.

Au bout de quelques années de mise en œuvre et d'exploitation, le pénitencier aurait créé une immense propriété nationale, dont les revenus donneraient des excédants, c'est-à-dire qu'après avoir fourni aux dépenses de culture et de plantations, ainsi qu'à l'alimentation, l'entretien et la solde des détenus et de l'administration de la colonie, il resterait des produits nets qui seraient la part du propriétaire du sol. Comme ce propriétaire serait l'État, voilà donc une source immense de revenus : par l'économie de ce que coûtent aujourd'hui les détenus et par les revenus nets des propriétés nationales.

Mais si pendant les dix premières années, la direction a été intelligente et laborieuse, les résultats définitifs seront la création de belles propriétés possédant de nombreux vignobles, des prairies et des terres labourables en plein rapport. Alors l'État pourra vendre la propriété créée, soit à des sociétés, soit à des particuliers, en totalité ou par parcelles.

Si l'État ne vend pas la propriété créée, il la louera à des colons, ou bien il la fera exploiter par l'administration agricole.

Et voici où se montrent les excellents résultats du système que je propose : l'État ayant utilisé ses condamnés aura pu leur faire produire de quoi subvenir à leurs besoins et donner des revenus par les excédants de récoltes et la plus-value des propriétés, mais aussi il aura instruit ses condamnés, il les aura améliorés ; et à mesure qu'il les libèrera, et suivant le certificat de capacité et de conduite qu'aura pu obtenir le détenu, il lui sera donné un emploi dans l'administration agricole, ou il lui sera concédé à ferme une partie de propriété nationale.

Donc les pénitenciers défricheront, planteront et créeront les propriétés, qui lorsqu'elles seront en plein rapport attireront facilement les colons qui viendront de la France et de l'étranger. Mais je suis convaincu qu'un grand nombre de condamnés s'établiront en Algérie après l'expiration de leur peine, soit comme fermiers, employés de l'administration agricole, soit comme propriétaires, suivant l'état de leur fortune.

Disons un mot sur ce que devra être l'administration agricole.

Pour les services des pénitenciers, il faudra des administrateurs, des directeurs, des comptables et des employés aux écritures; il faudra aussi des conducteurs de travaux et des surveillants.

Au début il y aura tout à faire, et on trouvera difficilement des sujets capables pour la direction et la conduite des travaux. On sera obligé de les recruter en faisant appel à la bonne volonté des hommes capables, qui voudront servir leur pays en s'occupant d'une affaire aussi sérieuse et aussi laborieuse.

La mise en pratique de mon système de pénitencier agricole ne pourra et ne devra pas se faire tout d'un coup. Il suffira de commencer la création d'un pénitencier, puis à mesure que cet établissement s'organisera et se produira, il donnera la preuve d'immensns résultats, et il permettra de s'occuper d'une manière très-sérieuse de l'organisation de l'administration agricole, qui, à mesure qu'elle se formera, créera un deuxième pénitencier, un troisième, et ainsi de suite jusqu'à ce que les condamnés des deux sexes puissent être placés dans nos établissements agricoles.

Les détenus employés dans les premiers pénitenciers auront pu fournir des sujets libérés qui seront versés dans l'administration agricole, comme employés ou comme conducteurs et surveillants de travaux.

Les résultats obtenus attireront l'attention d'une grande quantité de jeunes gens qui auront l'idée de se placer dans l'administration agricole.

Cette administration sera composée : de directeurs, sous-directeurs, comptables, employés aux écritures, surveillants et conducteurs de travaux.

Il y aura des surveillants et des conducteurs de travaux de 1re, 2e et 3e classe.

Les appointements des surveillants et des conducteurs de travaux pourront être : de 1,500 fr. pour la 3e classe, 1,800 fr. pour la 2e, 2,100 fr. pour la 1re. Il y aura des sous-brigadiers et des brigadiers de conducteurs et de surveillants de travaux. Les sous-brigadiers seront aux appointements de 2,400 fr., et les brigadiers 2,700 fr. par an.

Les employés aux écritures et les comptables seront également divisés en trois classes : ceux de la 3e classe recevront 1,500 fr.; ceux de la 2e, 1,800 fr.; ceux de la 1re, 2,100 fr. Il y aura des sous-chefs de bureaux à 2,400 fr. et des chefs de bureaux à 2,700 fr. Il y aura des chefs de division qui recevront 3,600 fr. d'appointements annuels. Les sous-directeurs toucheront 4,800 fr. pour ceux de la 2e classe, et 6,000 fr. pour ceux de la 1re. Les directeurs de pénitenciers ou d'exploitations agricoles recevront de 8 à 12,000 fr. par an, suivant la classe à laquelle ils appartiendront.

En outre des appointements, les conducteurs, surveillants, employés, comptables, sous-chefs et chefs de bureaux, les chefs de division, les sous-directeurs et les directeurs auront chacun un logement en rapport avec son emploi.

Les employés de l'administration agricole seront tenus de payer tout ce qui leur sera fourni par l'administration, et suivant le prix du jour.

La colonie produisant des légumes des fruits et quantité de choses indispensables à l'alimentation, tous les produits de la colonie seront vendus ou emmagasinés; les sommes provenant de ventes de récoltes seront versées à la caisse de l'administration. Il sera pris dans les magasins, suivant les besoins des habitants de la colonie, et la distribution se fera sous contrôle ; tout ce qui sera pris pour les détenus sera inscrit aux frais de l'établissement à l'article frais généraux pour l'exploitation ; tout ce qui sera pris pour les employés sera inscrit sur leur livre personnel, et passé aux livres de l'administration au débit de chaque consommateur. La balance des comptes particuliers, des employés, se fera tous les mois au moyen de la retenue de leur compte débiteur, sur le montant de leurs appointements portés à leur compte créditeur.

La balance générale se fera chaque année pour les comptes généraux de l'établissement.

Ainsi on verra, au débit de l'exploitation de la colonie ou de l'établissement agricole, tous les frais d'exploitation, tels que : appointements des administrateurs, soldes des détenus, dépenses pour semences ou outillage, engrais, achat de bétail, nourriture et entretien des condamnés et du bétail, etc., etc., en un mot tout ce qui aura été employé par l'administration pour les frais généraux d'exploitation.

On verra au crédit de l'exploitation agricole: toutes les sommes provenant de la vente des récoltes excédant les besoins de la colonie, les plus-values par l'estimation ou l'encaissement du produit du bétail ou de la basse-cour, et toutes les sommes figurant au compte créditeur de l'établissement, telles que le prix des récoltes en magasin, du bétail sur la colonie et de l'outillage, portées par estimation sur l'inventaire annuel, appartiendront au compte capital et grossiront celui-ci, suivant la bonne année et la prospérité de la colonie.

Après des épreuves, et suivant les résultats que donneront les pénitenciers agricoles, l'État pourra s'occuper d'utiliser dans ses exploitations en Algérie tous les enfants appartenant à l'assistance publique.

Les enfants trouvés appartiendront à l'agriculture, et ils seront employés dans les établissements agricoles appartenant à l'État. Leur situation sera améliorée par la facilité qu'aura le gouvernement de leur donner un emploi dans l'administration agricole aussitôt qu'ils auront atteint l'âge de leur majorité.

L'administration agricole formera des colonies capables de se suffire, et sur lesquelles les colons auront avec les produits du sol la main d'œuvre utile à l'entretien des locaux, du matériel et du personnel.

On m'objectera que pour de pareilles installations il sera nécessaire de faire des constructions, telles que moulins, forges, ateliers, etc., qui seront perdues lorsque le pénitencier déménagera de la propriété créée pour aller s'établir sur une nouvelle propriété à créer.

Je réponds à cette objection : les constructions seront multiples et faciles à être utilisées par les acquéreurs de la propriété nationale ; on formera quantité de lots, auxquels, suivant leur importance, appartiendra la construction que l'administration aura jugé à propos de ne pas emporter.

Mais pour les besoins de la colonie, il sera construit des logements en bois et en fer, suivant un plan qui permettra de démonter la construction dont les pièces seront numérotées et montées par un chevillage facile à défaire sans rien endommager.

Lorsqu'un pénitencier déménagera, il emportera toutes les constructions volantes et

tout son matériel, ainsi que ses approvision-
nements et son bétail.

Il ne restera sur place que les constructions
établies en vue de servir aux colons acquéreurs de la propriété.

La colonie pénitentiaire fournira des escouades de service extraordinaire pour aller
établir le nécessaire sur un nouvel emplace-
ment, et lorsque la propriété créée devra être
évacuée, la propriété à créer sera à même de
recevoir la colonie.

Mon projet est un vaste système d'exploitation agricole au profit de l'État. Il est facile
de se rendre compte que si un propriétaire,
qui a dû donner un capital pour l'achat d'une
terre, est obligé de nourrir et de payer les
ouvriers qu'il occupe, n'a pour lui qu'un
revenu net variant de 2 à 5 p. %, l'État
pourra avoir de gros revenus étant propriétaire sans débours de capital et pouvant
employer des ouvriers qui ne lui coûteront
presque rien, puisqu'il est obligé de les
nourrir d'autre part.

La terre nourrit ceux qui la travaillent et
donne un excédant; l'État, en étant l'exploi-
teur de ses terres d'Algérie, tirera un bénéfice

net de son exploitation, et il apprendra à ses condamnés à subvenir à leurs besoins et à se faire une masse qu'ils toucheront à leur libération.

Tout en utilisant les bras des condamnés d'une manière avantageuse pour l'État, mon système rendra aussi d'immenses services à la société. Il débarrassera l'industrie de la concurrence que fait le travail des prisons, et il permettra aux condamnés de se créer des situations dans l'agriculture et de s'y fixer. Je crois que beaucoup de condamnés libérés se réhabiliteront par leur conduite.

Les condamnés qui sortent des maisons centrales vont dans les grandes villes, où ils offrent leurs services dans des ateliers ou on ne veut pas les occuper, parce que l'on craint les disputes avec les autres ouvriers, et ensuite comme on n'a pas confiance en eux, on suppose qu'ils pourraient emporter de la marchandise. Voilà donc des malheureux qui sont repoussés de la société (le fait est tellement vrai que des sociétés de patronage, pour venir en aide aux prisonniers libérés, ont été fondées, et M. de Marcère, ex-ministre de l'Intérieur, s'y est associé). Comme ils ont des besoins, ils ne trouvent rien de mieux à faire pour les satisfaire que de récidiver, ce qui les renvoie aux maisons centrales ou aux bagnes.

Avec le système des pénitenciers agricoles, nous apprenons aux condamnés à devenir habiles pour tous les travaux de la terre; nous leur offrons du travail après leur libération, nous les gardons dans l'agriculture où ils rachètent leurs fautes, et ils finissent par être des colons libres sur nos terres d'Algérie. Au lieu d'avoir des récidivistes, qui redeviennent une charge pour l'État, nous augmenterons le nombre de nos colons, et par ce fait celui de nos contribuables.

S'il y a dans les maisons centrales un certain nombre de condamnés, dont il ne sera possible de rien faire de bon, il y a un grand nombre d'individus qu'il sera facile de ramener au bien et d'utiliser au profit de la société et à leur propre profit.

Lorsque nous aurons fondé les premiers établissements, et que l'administration agricole sera organisée, la société pourra se débarrasser facilement de tous les mendiants de profession, et de beaucoup de nécessiteux valides qu'elle assiste d'une manière perpétuelle.

Quand l'Etat aura créé des refuges agricoles pour l'assistance publique, où tous les bras sans emploi pourront être occupés, on ne trouvera plus des pleurards venant demander l'aumône en disant qu'ils manquent de travail, car on pourra leur répondre carrément ceci : Si vous avez l'intention de gagner votre vie en travaillant, pourquoi ne vous engagez-vous pas comme ouvriers dans l'administration agricole ?

Tout malheureux sans travail devra pouvoir contracter un engagement dans l'administration agricole en qualité d'ouvrier volontaire.

Les engagés volontaires seraient occupés sur les propriétés nationales autres que les pénitenciers agricoles; les engagements pourraient être d'un an au moins et cinq ans au plus.

Les ouvriers volontaires seraient nourris, logés, entretenus, et ils toucheraient une solde pour leur journée de 10 heures de tra-

vail ; les heures supplémentaires leur seraient
payées en plus. Les volontaires de l'agricul-
-ture pourraient obtenir de l'avancement suivant leur capacité et leur conduite. Et on
verrait l'exemple d'individus qui se trouvant
embarrassés pour vivre dans les grandes villes se seraient engagés dans l'agriculture et
y auraient fait leur chemin comme d'autres
dans l'armée.

D'ouvriers volontaires, ils pourraient devenir conducteurs de travaux, sous-brigadiers,
brigadiers et suivant leur mérite ils arrive-
raient aux plus hautes fonctions dans l'administration agricole.

Malheureusement, le système que je propose
ne pourra pas obtenir l'impossible, il y aura
toujours des nécessiteux que nous ne pourrons
pas engager dans l'agriculture et que nous
laisserons forcément à la charge de l'assistance publique et de la charité privée. Mais il
contribuera à déverser dans l'agriculture
une quantité de gens qui ne pensent pas
à y aller et qui y resteront lorsqu'ils y auront
été utilisés et instruits.

Ne perdons pas de vue que les besoins de
l'instruction publique obligent l'État à orga-

niser l'instruction agricole, et qu'il ne pourrait mieux faire qu'en créant des propriétés nationales en Algérie.

Refouler dans les campagnes le trop plein qui souffre dans les grandes villes, diminuer le nombre des habitants des hôpitaux et des prisons, faire disparaître la plus grande partie des plaies sociales en faisant connaître et aimer l'agriculture et en augmentant le nombre des producteurs agricoles, certes voilà un but généreux et humanitaire qui doit rencontrer l'adhésion et le concours de tous les hommes ayant à cœur de contribuer au bien de la société.

Rendre service à la société en général et aux individus en particulier, tout en enrichissant l'État par des diminutions de charges et des augmentations de revenus, voilà un but qui doit tenter tous les hommes d'État désireux de doter la société de nouveaux bienfaits et leur pays de nouvelles ressources.

Si, après les malheurs de notre patrie et lorsque l'Alsace et la Lorraine ont été ravies à la France, nous avions eu une administration agricole et des propriétés nationales en pleine exploitation, il nous eût été facile d'attirer en Algérie une grande partie de la population agricole de l'Alsace et de la Lorraine.

Nous nous sommes trouvés au dépourvu, et les Alsaciens-Lorrains qui sont allés en Algérie n'y ont trouvé que la misère, parce que rien n'était prêt pour les recevoir.

Cependant ceux qui ont pu s'y fixer y ont rendu des services, sont devenus d'excellents colons et se sont fait une position.

Je conclus : Il faut que la France s'occupe d'une manière très-sérieuse de créer une administration agricole et de fonder des pénitenciers et des refuges agricoles en Algérie, afin de pouvoir abolir la réclusion et de supprimer les maisons centrales.

Il faut supprimer les maisons centrales, parce qu'elles ne sont que des foyers de corruption et qu'on a le devoir d'utiliser les bras des condamnés, en les occupant aux travaux de l'agriculture, afin qu'il gagnent de quoi se suffire, et qu'ils ne soient plus une charge pour l'État.

Il faut rendre les condamnés meilleurs, et

leur procurer les moyens de s'occuper d'une manière utile après leur libération.

Mon système demande une sérieuse attention et des études immédiates ; car de sa mise en pratique doit résulter un bienfait pour la société, un bienfait pour les malheureux ayant commis une faute, et de grandes ressources pour l'État.

Bienfait pour la société, parce que l'emploi dans l'agriculture des condamnés, des enfants trouvés et des indigents valides fera augmenter la production indispensable et diminuer le nombre des consommateurs non producteurs. La société se débarrassera de charges qui deviendront des ressources.

Ressources, parce que les colonies agricoles feraient des plantations de vignobles qui remplaceraient la perte des vignobles de la France, si le phylloxera doit arriver à les anéantir.

Il faut que l'État s'intéresse à cette grande question du remplacement des vignobles ravagés par le phylloxera, et il ne saurait mieux agir qu'en en faisant faire des plantations sur ses possessions.

Mon système sera un grand bienfait pour

les malheureux, qui pourront améliorer leur position en s'adonnant à l'agriculture, etil sera une grande ressource pour l'État, parce qu'il diminuera ses charges et qu'il augmentera ses revenus.

Si nos législateurs se décident en faveur de mon système, et si nos assemblées nationales votent des fonds pour sa mise en pratique, je suis convaincu que l'État n'aura jamais aussi bien placé ses capitaux.

Car ici rien ne sera perdu, toutes les avances rentreront avec usure, et dans vingt ans au plus une somme de *cent millions* avancée par l'Etat devra, par le rendement et la plus-value des propriétés nationales, représenter au minimum *un milliard.*

Bordeaux, Ve CADORET, impr., rue du Temple, 12.